→ ES VERSUCHTE ES
EINMAL...

... ZWEIMAL...

...DREIMAL...

... UND EIN VIERTES
MAL.

→ ABER ES WURDE KEIN
DREIMAL.

DAS MACHTE DAS
ZWEIMAL UNGLÜCKLICH.
→ UND ES WURDE...

...EIN EINMAL.

IRGENDWANN EINMAL TRAF ES DANN EIN DREIMAL, DAS LIEBER EIN EINMAL ALS EIN DREIMAL SEIN WOLLTE. (DENN ES HATTE ES SATT, EIN DREIMAL ZU SEIN!)

→ DAS DREIMAL BENEIDETE DAS EINMAL, WEIL ES EIN EINMAL WAR.

→ UND DAS EINMAL, DAS EINMAL EIN ZWEIMAL WAR, BENEIDETE DAS DREIMAL, WEIL ES EIN DREIMAL WAR.

→ ALSO TAUSCHTEN
DIE BEIDEN.

→ DAS EINMAL, DAS EINMAL EIN DREIMAL WAR, UND DAS DREIMAL, DAS EINMAL EIN ZWEIMAL UND EINMAL EIN EINMAL GEWESEN WAR, WAREN ZUFRIEDEN MIT IHREM TAUSCH.

FÜR EINE ZEIT.

→ IRGENDWANN EINMAL
TRAFEN SIE SICH WIEDER...

...UND DAS EINMAL,
DAS EINMAL EIN DREIMAL
WAR, SAGTE:

„ICH MAG KEIN EINMAL
MEHR SEIN."

→ UND DAS DREIMAL,
DAS EINMAL EIN ZWEIMAL
UND EINMAL EIN EINMAL
WAR, SAGTE:

„ICH FÜHL MICH ALS DREIMAL AUCH NICHT BESONDERS WOHL."

WAS SOLLTEN SIE
MACHEN ?

„LASS UNS NOCHMAL TAUSCHEN,"
SAGTE DAS EINMAL,
DAS EINMAL EIN DREIMAL
WAR.

„WENN WIR NOCHMAL TAUSCHEN, BIN ICH ABER NUR EIN EINMAL UND NICHT EIN ZWEIMAL, DAS ICH EINMAL WAR,"

→ SAGTE DAS DREIMAL, DAS EINMAL EIN ZWEIMAL UND EINMAL EIN EINMAL

WAR.

„DANN TEILEN WIR EBEN",

→ SAGTE DAS EINMAL,

„DU GIBST MIR EIN EINMAL, DANN SIND WIR BEIDE ZWEIMAL."

DAS DREIMAL ÜBERLEGTE.

→ UND DA ES SOWIESO
KEIN DREIMAL MEHR
SEIN WOLLTE...

...WAR ES
EINVERSTANDEN.

→ SO TEILTEN SIE.

→ UND AUS DEM EINMAL, DAS EINMAL EIN DREIMAL WAR, WURDE EIN ZWEIMAL. UND AUCH AUS DEM DREIMAL, DAS EINMAL EIN ZWEIMAL WAR, WURDE WIEDER EIN ZWEIMAL.

→ JETZT ENDLICH WAREN SIE ZUFRIEDEN.

→ BIS SIE DEM
VIERMAL BEGEGNETEN.